Jacob Johann Malm, Paul Theodore Falck

Dei oberpahlsche Freundschaft

Ein Gedicht in deutsch-estnischer Mundart

Jacob Johann Malm, Paul Theodore Falck

Dei oberpahlsche Freundschaft
Ein Gedicht in deutsch-estnischer Mundart

ISBN/EAN: 9783743622357

Hergestellt in Europa, USA, Kanada, Australien, Japan

Cover: Foto ©ninafisch / pixelio.de

Weitere Bücher finden Sie auf **www.hansebooks.com**

Die

Oberpahlsche Freundschaft.

Ein Gedicht

in deutsch-estnischer Mundart

von

Jacob Johann Malm.

Mit einer linguistisch- und literar-historischen
Einleitung zum ersten Male herausgegeben

von

Paul Theodor Falck.

Leipzig 1881.

Wilhelm Friedrich,

Verlag des

„Magazin für die Literatur des In- und Auslandes".

Herrn

Prof. Dr. Erich Schmidt in Wien

freundschaftlichst zugeeignet.

Etwas über den deutsch-estnischen Dialekt in Est- und Nordlivland.

Die gebildeten Deutschen, die mit den gebildeten Balten in unserer gemeinsamen Heimat oder in anderen Ländern in Berührung kamen und kommen, sind, soweit die mehr mündlich überlieferte (versionelle) als geschriebene (traditionelle) Geschichte sich rückwärts verfolgen lässt, von jeher erstaunt gewesen, wie die Balten zu ihrer fast dialektfreien deutschen Aussprache kamen. Allein nach genauer Prüfung wird man finden, dass „irren überaus menschlich ist", denn die Deutschen lernten die Balten nur von ihrer Glanzseite in Deutschland kennen, sie kamen eben nur mit den Gebildeten der wohlhabenden Klasse zusammen, und diese reden — wie überall — ein mehr oder weniger dialektfreies Hochdeutsch.

Die deutschen Kolonisten, — denn anders kann man die Balten im Allgemeinen in den drei Ostseeprovinzen Russlands nicht nennen, obgleich sie einst Herrscher dieser Lande waren, — brachten ihre verschiedenen Mundarten in die Provinzen mit und blieben ziemlich konsequent bei denselben. Alle neu sich akklimatisirenden Einwanderer sind die trefflichsten Beispiele für diese Behauptung. Indessen sahen und sehen diese Einwanderer doch, wie in ihren Kindern und Kindeskindern ihre Aussprache als nicht „fashionable" betrachtet wird, und das bringen eben die verschiedenen hiesigen Landessprachen mit sich, die hier die Kinder gründlich oder nicht lernen müssen, wodurch unsere Aussprache eine ganz spezifische Färbung erhält, die der Aussprache der Ostpreussen ähnelt bis zur häufigen Verwechslung, und doch ist ein grosser Unterschied da. — Andererseits ist man ferner in Deutschland im Irrtum, wenn man zwischen einem gebildeten Kur-, Liv- und Estländer keinen sprachlichen Unterschied merken will. In Livland mischt sich das Lettische und Estnische, in Kurland das Lettische und das jüdisch-deutsche Idiom neben dem Russischen, in Estland das Estnische und Russische naturgemäss, unaufhaltsam durch Handel und Wandel in die deutsche Umgangssprache hinein. Viel schwieriger, aber auch interessanter wird die Sprachenfrage in den ärmeren, weniger gebildeten Schichten unserer Bevölkerung: Wir meinen das „Halbdeutsch" der Kleinkrämer, Handwerker und Bedienten, die durch ihre Eltern entweder der estnischen oder lettischen, weniger der russischen und schwedischen Nationalität angehören, oder schon durch deutsches Blut — namentlich aus dem Handwerkerstande — eine Kreuzung erfuhren und nun das löbliche Bestreben haben, sich zur Elite der baltischen Gesellschaft emporzuarbeiten. Diese Übergangssprache hat — trotz der sich kreuzenden jung-estnischen, jung-lettischen und jung-russischen Bestrebungen — be-

deutend im letzten Dezennium (merkwürdiger Weise) an
Terrain gewonnen und wird durch Handel und Wandel
im Kampf des Daseins vielleicht bald die B a s i s der
Sprache der Bevölkerung baltischer Städte bilden. Es hat
sich denn auch schon im Laufe der Zeiten eine kleine
Literatur in dieser Sprache gebildet, die in Deutschland
bekannter zu werden verdient, da wir es hier mit einem
ganz merkwürdigen Zuwachs zu derselben zu tun haben.
Der bedeutendste Sammler und Forscher dieses Idioms ist
der Revalenser Dr. Georg Schultz, genannt „Bertram", der
in der Vorrede zu seinen „Hallerlei nurrigen Sichten un
soterkleichen" (Allerlei schnurrige Geschichten und so der-
gleichen) — glauben wir auch unserer Meinung ist —
wenn er sagt:
    „Das Halbdeutsch ist bis jetzt ein verachtetes Kind
„gewesen — ein Bastard. — Aber ich wollte diesem Kinde
„zurufen: Schäme dich nicht; sprich wie du kannst und
„musst. — Und wer weiss, welche Zukunft (sic!) dem
„Kinde vorbehalten ist? — Wenn einst die Elternsprachen
„verschollen sind, wird dieser Dialekt vielleicht in den
„Ostseeprovinzen herrschen. In d i e s e r heutigen Form
„wäre das schlimm! Aber er ist entwickelungsfähig —
„er hat eine Zukunft" ... Denn „wie bei jeder Miss-
„bildung oder Abart oder Veredlung im Thier- und Pflan-
„zenreich herrschen auch hier Gesetze. Heut zu Tage,
„wo alle Dialekte s o r g f ä l t i g bearbeitet werden und
„in der Sprachwissenschaft das Bürgerrecht anstreben,
„wünsche ich auch dem baltischen Halbdeutsch seine Be-
„rechtigung durch Nachweis innerer Gesetzmässigkeit zu
„vindiciren."

Indem wir uns diesem merkwürdigen Konglomerat
von Sprachen oder „Sprachgemengsel" unserer Halbdeutschen zuwenden, bemerken wir, dass sie durch ver-
edelte Generations-Kreuzungen nicht nur ganz der deutschen Weltsprache gewonnen werden, wofür wir zahllose
Beispiele aus unserer Gesellschaft (bis hinauf in den Aristo-
kraten- und Gelehrten-Stand) aufzählen können, sondern
auch, dass dieses Halbdeutsch in seiner Zwischen- oder
Übergangsstufe reich an neuen Wortformen ist, die ebenso
wie die ganze Zusammenwürfelung der Worte, Abstreifung
und Anhäufung von Silben oder Lauten, die Vermeidung
von Konsonantenhäufungen, die Veränderung der Vokale
und Konsonanten, und wie die ganze Art und Weise des
Redens, ihrer Sprache so etwas drollig Ungeschlachtes,
gemütstief Barockes und seltsam Knorriges geben, dass
wir das nur noch im Plattdeutschen eines Fritz Reuter in
seinen „Olle Kamellen" oder eines John Brinckemann in
seinem „Kaspar Ohm un ick" g l a u b e n wiederzuerkennen.

„Es ist bemerkenswerth", — sagt der Reisende J. G.
Kohl 1841 in seinem Werke der deutsch-russischen Ostseeprovinzen Bd. II p. 399 f. — „dass die Esthen [1]), obgleich
„sie eine ganz andere Sprache als die Letten haben, doch
„auch, wenn sie Deutsch lernen, ganz ähnliche Verände-
„rungen mit unseren Sprachlauten vornehmen, wie die Let-

---

[1]) Man schreibt in Deutschland meist „Esthland", obgleich
die offizielle Schreibweise „Ehstland" ist. Neuerdings hat aber
auch das Regierungsorgan dieses Gouvernements (d. Estl. Gouv.-
Ztg.) die Dörptsche Schreibweise ganz ohne h zu schreiben accep-
tirt und in Folge dessen schreiben auch wir: „Estland", „Estländer", „Este".

„„ten. Namentlich aspiriren sie gewöhnlich jedes mit einem „Vocale anfangende deutsche Wort, wenn es bei uns nicht „aspirirt ist, und lassen das H da weg, wo wir es setzen." Sie sagen z. B. Hans = Aus, Haben = Aben, Herr = Err (Erra), heisst = eist oder umgekehrt statt ehrlich = härlig, allerlei = hallerlei, allerliebst = hallerlips, alt = halts, adlig = hadlig, ein = hein, Ende = Hende, einst = heins, oder gar statt einher = einähr u. s. w.) „Auch „vertauschen sie das deutsche Fr wie die Letten häufig „mit Pr" (z. B. sagen sie statt Frau = Prau (Praua) auch Wrau, Friedrich = Predrik, Franz = Prants, Fremde = Premde und Wremde, Freier = Preier und Wreier; auch Br. geht häufig in Pr. über z. B. Braut = Praut (Prut), braun = praun (prun), brennen = prennen etc.). — „D „und t, b und p vertauschen sie beständig wie die Thü-„ringer," (z. B. hört man Domberg = Tomperk, Butter = Putter, bleiben = pleiben, donnern = tonnern, dick = tik, dünn = tinn, dabei = tapei, Buch = Pug, Bildung = Piltunk, Bänder = Penders, Bekannte = Pekannte oder umgekehrt statt Papst = Bapst, Partei = Bardei, patent = badent, pauvre = bower, Post = Bost, Preis = Breis, Tanz = Dants, Taube = Daube, Theologie = Deho-logi u. s. w., aber diese letzte Umwandlung aus dem Harten ins Weiche viel seltener, namentlich nicht im Anlaut, wo uns der Dialekt corrumpirt vorkommt). „Das s, st, sp und „sch u. s. w. lassen sie in den zusammengesetzten Lauten „aus und sagen also statt „sprechen" — „prechen", statt „Stall" „Tall", statt „Schlange" „Lange", statt „Schnaps" „Naps" (statt spielen = pielen, stolziren = toltsiren, Spitzen = Pitsen, Stück = Tick, schielen = sielen, schreiben = sreiben, Mensch = Mens). — „Sch verwandeln sie auch oft (wenn nicht immer) in „s“ und sagen z. B. statt „schön“, = „sön“ (Schacher = Sagher, Schachtel = Sagtel, schnarren = snarren, schauen = sauen, schenken = senken, schimmern = simmern, schnattern = snattern, schonen = sonen, schrillen = srillen, schwächen = sweghen, Schweinerei = Sweinerei u. s. w.) „Statt „f“ setzen sie „w“ und sagen statt „fern“ „wern“ (fein = wein, fallen = wallen, fahren = wahren u. s. w., niemals aber umgekehrt). „Das „g“ wird in ihrem Munde gewöhnlich in „k“ verwandelt und aus „lange“ wird z. B. „lanke“ (gross = kros, ganz = kants, gleich = kleig, glauben = klauben u. s. w.) gemacht.“) [1]

Im estnischen Alphabet fehlen die Laute c=z; ferner sch = franz. j, g, y, ch und f = ph, pf, v. Da hilft sich denn unser Halbdeutscher also: er macht aus z ein s und sagt statt Zwiebel „Swiebel“, Citrone „Sitrone“, Cigarre „Sihare“, Circus „Sirkus“, Civil „Siwiel“, Czar „Sar“, (auch Tsar), Zwirn „Swirn“, Zunge „Sunge“, Zucker „Sukker“, Zeitung „Seitunk“ etc. Den Sch-Laut — wenn er ihn im Anlaut nicht ganz über Bord wirft, wie z. B. in Schlendrian „Lendrian“, Schwanz „Wants“ u. s. w. verwandelt er bald in ein S-Laut, wie in Schrei „Srei“, Schneide „Sneide“, Schmiede „Smiede“, oder in ein H-Laut z. B. Schande = Hande (auch Sande) oder K-Laut z. B. Schütze = Kütse (auch Sütse). [2]

---

[1] Alle Klammersätze haben wir zur bessern Illustrirung hinzugefügt.

[2] Doch diese Verwandlung des sch in h und k kommt selten vor. Sehr richtig bemerkt dazu Dr. G. Schultz-Bertram

Endlich haben wir zu bemerken, dass der Este und somit auch der Halbdeutsche die zusammengesetzten Laute x und z nicht kennt, sondern sie auflöst in ks und ts, d. h. er macht aus fix = wiks und ganz = kants, ebenso q in kw auflöst, also statt: Quark = Kwark, quer = kwer schreibt. Ferner lernen wir von ihm unsere merkwürdigen ch und ph (pf) Laute — wenn wir sie so nennen dürfen — näher kennen. Er löst sie auf, weil sie ihm wie x, q und z als zusammengesetzte Laute — was sie auch sind — erscheinen. Wenn ihm aber auch ph oder pf oder v oder f = hw ist im In- und Auslaute, z. B. Schlaf = Slahw, Schwefel = Swehwel, schaffen = sahwen, schleifen = sleihwen, Zweifel = Sweihwel, so ist ihm der F-Laut im Anlaut immer gleich W, z. B. Verwandte = Werwandte, von = won, vier = wier· Falke = Walke, Pferd = Wert, Photographie = Wotograhwi. Ähnlich verwandelt er ch im Auslaut in g oder im Inlaut aufgelöst in gh, z. B. Teich oder Teig = Teig, Fluch oder Flug = Wlug, Nacht = Nagt oder lachen = laghen, wachen = waghen etc. Im Anlaut ist ch ja auch in unserer deutschen Sprache, wie ph, pf, v etc. ein fremder Laut, den wir selbst noch viel merkwürdiger behandeln: wir schreiben China und reden „Hina", oder schreiben Chlor und reden

---

in seinem Werke: Wagien, Baltische Studien und Erinnerungen (Dorpat, C. Gläser, 1868) p. 17: „Es ist nicht leicht, auf den „ersten Blick in Küt' das Urwort Schütze zu erkennen. Sch „wird aber in den nordischen Schwestersprachen (plattdeutsch, „schwedisch und dänisch) durch sk wiedergegeben. Im Schwedi- „schen heisst Schütze — skütt. Der Este warf s ab und so er- „schien das gerupfte Wort als küt. Als Fremdwort erweist es „sich aber durch das mouilirte t, das wir mit t' bezeichnen."

„K l o r", oder schreiben Chimäre und reden „S c h imäre".
Der Halbdeutsche macht es uns nach, nur sagt er statt
ch = sch stets s, also „Simäre" und schreibt wie er spricht,
was wir leider nicht tun.

So wunderbare Kunststücke wir Deutsche mit dem
uns fremden ch zu Stande bringen, indem wir bald ch=h
oder k oder sch oder g oder gh aussprechen, so vergebens hat sich unsere Zunge abgequält zwischen f=ph oder
pf oder v den Unterschied festzustellen. Wir sollten Freund,
Flamme, Pferd, Phosphor etc. mit harten F aussprechen,
aber wenn wir auch kein W wie der Halbdeutsche daraus
machen, z. B. „Woswor", so sagen wir doch einfach
„Fosfor", mögen wir es nun Phosphor oder Vosvor, oder
Pfospfor schreiben. Ferner sollten wir den F-Laut weich
in Fehde, Fisch, Feige, Vieh, Vehme etc. und mittelweich
oder mittelhart in Vater, Fuder, Volk, Vogt, Fuhre etc.
aussprechen, aber wir tun es nicht. Der Halbdeutsche
dagegen verwandelt — wie gesagt — den F-Laut im
Anlaut stets in ein W und im In- und Auslaut in einen
äusserst sanften F-Laut, der zusammengesetzt aus hw er-
scheint, z. B. Kartoffel = Kártuhwli, Telegraphie =
Telegrahwi, Zweifel = Sweihwel, Graf = Krahw, brav
= prahw etc.

Es würde den Plan unserer kleinen Abhandlung weit
überschreiten, wollten wir noch weitere Details zur Klarstel-
lung des Halbdeutschen der baltischen Provinzen herbei-
schaffen. Wir würden doch nicht erschöpfend sein; daher ist
es besser Mass zu halten und nur soviel zu sagen als zur
richtigen Aussprache beim Lesen des Gedichtes notwendig ist,
dann ergiebt sich auch von selbst das Verständnis, und mehr

sollen auch diese linguistischen Bemerkungen nicht bezwecken.
Nur soviel sei noch gesagt, dass alle Fremdwörter bei unseren Halbdeutschen nach den der estnischen Zunge eigenen
Gesetzen assimilirt werden. So sind ihm alle Wörter fremd,
die mit B, C, D, F, G, Sch anfangen, weil das estnische
Alphabet sie z. T. (C, F, Sch.) nicht besitzt, andererseits kein estnisches Wort mit B, D, G, beginnt, wenn
dieselben auch im In- und Auslaut vorkommen. In Folge
dessen sagt der konsequente Halbdeutsche hier zu Lande
immer peten (beten), tehnen (dehnen), jehen oder kehen
(für gehen) etc. seiner Zunge gemäss und lässt den Accent
fast immer auf der ersten Silbe ruhen.

Indem wir diesen linguistischen Teil unseres Themas
verlassen und zum zweiten, literarhistorisch-kritischen Teil
der Autorschaft des Gedichtes übergehen, empfehlen wir
allen denjenigen, die sich mit dem baltischen Dialekt im
engeren und weiteren Sinne vertraut machen wollen, vor-
züglich unseren humoristischen Schriftsteller Dr. Georg
Schultz gen. Bertram, den tüchtigen Kenner nicht nur
unserer Eigentümlichkeiten und Schwächen, sondern auch
unserer gemütlichen Seiten, wie sie namentlich in seinen
„Baltischen Skizzen" (alte und neue Folge 4 Thle. Dorpat und Helsingfors 1872—3) und in der „Philosophie
des guten Tons" (Dorpat 1869) wie in „Dorpats Grössen
und Typen" (Dorpat, 1868) und andererseits in seinen
„Erzählungen im Halbdeutschen in gebundener Rede:
Hallerlei narrige Sichten un so ter kleichen" (Dorpat 1874)
sich wiederspiegeln.

Wer

ist der Verfasser der oberpahlschen Freundschaft, und welche Lesart des Gedichtes ist die echte?

Wir mussten unseren Gewährsmann, den verdienstvollen, leider vor Jahren verstorbenen Bremer Bibliothekar J. G. Kohl im ersten Teile unserer Abhandlung in seinem Redeflusse unterbrechen, weil er uns linguistisch nicht ganz genügte; wir erteilen ihm hier aber um so lieber das Wort zur Fortsetzung, weil er nicht nur der Erste war, der die oberpahlsche Freundschaft 1841 durch den Druck bekannter machte, sondern auch ausserordentlich dazu beitrug, dass man das Gedicht in Deutschland einigermassen kennt, aber freilich nur den ersten Teil.

„Das Deutsch", — sagt Kohl, pag. 400 a. a. O. weiter, — „welches durch die stricte Beobachtung dieser „Regeln und Principien entsteht, klingt dann allerdings „komisch genug. Ein Livländer in Dorpat hat ein „ziemlich bekanntes Gedicht in diesem Deutsch gefertigt, „das auch in mancher anderen Beziehung für das Leben „der verdeutschten Esthen in Livland nicht ohne Interesse „ist, und das wir daher hier am Schlusse unserer Abhand-

„lung über den deutschen Dialekt der Ostseeprovinzen mit-
„theilen wollen". Es ist „The Oberpalse Wreindsaft."
Leider müssen wir Kohl hier widersprechen, denn
die Lesart, die er mitteilt, Bd. II. p. 400 ff. a. a. O. ist
nicht die richtige, da er weder die von ihm selbst zum
Teil beobachteten und verzeichneten Regeln und Prinzipien
befolgte, noch berücksichtigte, dass der Este unsere zusammengesetzten Laute: ch, ck, x, z, sz, tz, rh und q nicht
kennt, also sie auch nicht schreibt und dabei die durch
nichts begründete Behauptung aufstellte, dass der Verfasser des Gedichtes „ein Livländer", noch spezieller „ein
Dorpatenser" wäre, wogegen wir Verwahrung einlegen
müssen.
Es liegt wohl ziemlich klar auf der Hand, dass Kohl
obige Punkte viel zu leicht nahm. So wenig es ihm bei
seinen „stricten Beobachtungen" auf eine Hand voll No-
ten mehr oder weniger ankam, so wenig scheint er be-
dacht zu haben: ob sein nicht genannter „Livländer in
Dorpat" auch de facto der Verfasser sei. Aber trotzdem
halten wir diese Irrtümer für die kleinsten in seinem
ganzen Werke, da Gründlichkeit und nur Selbstbeobach-
tetes oder Erfahrenes nicht im Plan seines Reisewerkes
lag. Dass aber ein Balte: Jegor von Sivers in
seiner gründlich ein wollenden baltischen Litera-
turgeschichte: „Deutsche Dichter in Russland" (Berlin
1855) p. 17, in seiner ihm eigenen Unfehlbarkeit: „Jacob
Heinrich von Lilienfeld" als den Verfasser der oberpahlschen Freundschaft hinstellt, ist entschieden bemer-
kenswert und der Prüfung würdig.
Als Resultat aber ergiebt sich leider Folgendes: Nach-

dem Sivers, ohne Angabe der Quelle (Recke und Napi-
ersky, balt. Schriftsteller-Lex. III., 69 f.) eine sehr ver-
schlechterte Bio- wie Bibliographie Lilienfeldt's (so schreibt
sich diese Familie) — aus uns unverständlichen Gründen
— dem Gedichte vorausschickt, giebt er im folgenden
Schlussaccord, der ihm ganz allein angehört, uns seine
ganze Grösse zu erkennen:

„Ich beschränke mich auf die Mittheilung
„eines einzigen seiner Gedichte, das ohne den
„Namen des Verfassers (Lilienfeldt lebte von 1716 bis
„1785) noch heute (d. h. 1855), in vielen Abschriften in
„Liv- und Estland umläuft. Es ist eine seltsame Mischung
„der deutschen, estnischen und russischen Sprache, ein.
„Kauderwelsch, wie man es noch heute unter einigen
„Handwerksleuten der kleinen Städte hören kann, bei Em-
„porkömmlingen aus dem Bauernstande, welche nur unvoll-
„kommen die deutsche Sprache in sich aufnahmen. Dieser
„Jargon, minder verständlich für den des Estnischen und
„Russischen nicht Mächtigen, erhöht den komischen Ein-
„druck des ziemlich grobkörnigen Gedichtes bei Allen,
„denen jene Sprachen geläufig sind. Der bekannte
„Reisende J. G. Kohl theilt den Schwank in seinen
„‚deutschen Ostseeprovinzen Russlands‘ mit“. Darauf lässt
Sivers: „The Hoberpalse Wreindsaft“ folgen.

Obgleich nun Prof. J. v. Sivers nicht 'die Quelle
angiebt, sei sie nun Kohl oder eine der vielen in Liv-
und Estland kursirenden Abschriften, aus welcher er seine
Lesart citirt, so geht doch wiederum aus Obigem hervor,
dass er den Verfasser allein kannte und nach dem „Originaltext!“ somit seine Abschrift besorgte. Leider

aber verhält es sich anders; denn wenn Sivers nach Kohl citirte, weshalb verbesserte er ihn an mehr als 100 Stellen und sagt uns nicht warum? — Und wenn er nach einer der vielen Abschriften drucken liess, warum fiel ihm, — der sich doch rühmt, den „Jargon" gründlich zu kennen, — das dem Esten z. B. sprachlich Unmögliche: „feiss, fodurch, fas etc." nicht auf? — welche Schreibweise Kohl doch richtig mit „w" wiedergab, da der Este wohl f in w, aber nie umgekehrt w in f verwandelt! — Und warum, so fragen wir weiter, fiel ihm, — dem baltischen Literarhistoriker, wenn er nach dem von ihm allein gekannten „Originaltext", oder nach der von ihm allein gekannten Original - Lesart Lilienfeldt's citirte, — nicht das Fehlen vieler Verse auf, — wodurch seine ganze Lesart noch unverständlicher und fraglicher werden musste, als sie schon dialektisch ohnedies Unmögliches bietet!

Aber wie kommen wir nur zu diesen Fragen? — Sagt doch Sivers selbst, klar und deutlich, dass er sich auf „ein einziges Lilienfeld'sches Gedicht" — „the Hoberpalse Wreindsaft" beschränkt", somit muss wohl Lilienfeldt selbst diesen unbegreiflichen „Schnitzer" gemacht haben? Indessen, unter den Lilienfeldt'schen Gedichten wird jeder Mensch vergebens darnach suchen; also was soll man nun zu der Sivers'schen Infallibilität sagen? Besonders da das Gedicht 33 Jahre nach Lilienfeldt's Tode erst 1818 von einem anderen Geiste gedichtet wurde, der sich „Jacob Johann Malm" nannte und dasselbe ohne irgend einen Vers auszulassen, 1855 im „Illustr. Revalschen Almanach" p. 105—8 mit seiner Namensunterschrift abdrucken liess! Also in demselben Jahre, wo Sivers

Lilienfeldt zum Verfasser des Gedichtes machte und die oberpahlsche Freundschaft unter den Lilienfeldt'schen Gedichten fand!

Der verdienstvolle baltische Schriftsteller Heinrich Neuss, bekannt durch seine Herausgabe der estnischen Volkslieder, erlaubte sich in seinen „kleinen Nachträgen" zu Sivers „Deutsche Dichter in Russland" im Dorpater „Inland" 1856 No. 17 unter anderem auch gegen die Echtheit der Schreibweise und gegen die Lilienfeldt'sche Autorschaft der oberpahlschen Freundschaft gelinde Zweifel zu erheben, indem er Sp. 266 sagt: „was die Mundart, wenn „man so sagen darf, anbelangt, so ist „the Hoberpalse „Wreindsaft" schwerlich richtig (bei Sivers 1855 p. „18 ff.) abgedruckt. Das Richtige würde sich wahrschein-„lich durch eine Vergleichung der verschiedenen Drucke" (also Kohl 1841 und Malm 1855) „herstellen lassen. „Worauf aber ist die Angabe gegründet, dass Lilienfeldt „der Verfasser sei? Ist sie zuverlässig?"

Prof. Jegor v. Sivers verstand von jeher keinen Spass, und nachdem er die Angelegenheit zwei Jahre lang beschlafen hatte, antwortete er in seiner Weise ganz ernsthaft, in seinem „Literarischen Taschenbuche der Deutschen in Russland" (mit *französischen* Gedichten! Riga 1858) p. 284 im Vorworte zum „Anhang", d. h. Nachlese zu seinen „deutschen Dichtern in Russland", also:

„— — Eben so unentschieden als Grassen's Autorschaft jenes Volksliedes („Mein Herr Maler will er wohl uns abconterfeien?") ist die J. H. v. Lilienfeld's in Betreff des Gedichtes: „The Hobenpalse Wreindsaft".

„Wahrscheinlich ist ein Jüngerer der Dichter, viel-
„leicht sein Sohn (!!), aus dessen Feder in der Brief-
„lade des Landraths Bock auf Kersel bei Fellin eine
„Menge von Briefen in Knittelversen (!) sich finden,
„die lebhaft (!) an das fragliche Gedicht erinnern. — —"
Also war seine Infallibilität schon in drei Jahren vom
„Vater" auf den „Sohn" gekommen, der „heilige Geist"
aber war bei Sivers in der Lesart geblieben, denn seine Gna-
den geruten nicht nur Malm von 1855, sondern auch von
1858 vollständig zu ignoriren, obgleich der Herausgeber
des „Illustr. Revalschen Almanachs v. 1858 (Reval b. J.
Kelchen) p. 43 in einer Anmerkung zum 2. Teile der
oberpahlschen Freundschaft sagt:
„Ein Seitenstück zu der im illustr. Revalschen Alma-
„nach f. d. J. 1855 abgedruckten „oberpahlschen Freund-
„schaft". Wir nehmen hier Gelegenheit zu bemerken, dass
„von Sivers dieses letztere Gedicht irrigerweise J. H.
„v. Lilienfeld zuschreibt. Vgl. Jegor v. Sivers: Deut-
„sche Dichter in Russland. Berlin 1855."
Für Sivers'sche Kenntnis und Belesenheit in der
baltischen Literatur bleibt dieser „Freundschafts"-Fall im-
merhin ein denkwürdiger. Für ihn durfte und konnte
kein Malm als Dichter existiren, weil sonst seine Drei-
einigkeitstheorie in Betreff der oberpahlschen Freundschaft,
wo doch nur er der dirigirende Geist war, übern Haufen
gefallen wäre. Als Entschuldigung für Sivers diene aber
hier, dass sich seit 1857 — ganz unabhängig von ihm —
ein Leidensgefährte hinzugesellte. Dieser ist kein Geringerer
als unser Dr. Georg Schultz gen. Bertram, der in dem
2. Teile seiner Berliner Ausgabe der „Baltischen Skizzen"

2*

die oberpahlsche Freundschaft abdrucken liess [1]), nicht
aber den Estländer J. H. v. Lilienfeldt, wohl aber seinen
Landsmann, den Grafen Mannteuffel von Meeks — freilich
mit wohlbedachter Reserve — als Verfasser annimmt. Er
sagt daselbst:[2])

„Für den anonymen (?) Verfasser hält man
„jetzt (1857—73!) allgemein (?!) den witzigen Grafen
„Mannteuffel von Meeks, denselben, den „die Dämmerstun-
„den", die erste estnische Novelle, als gründlichen und
„geistreichen Kenner des Nationalen äusserst vortheilhaft
„bekannt gemacht haben. Obgleich das fragliche Gedicht
„in 1000 Abschriften existirt und im Druck erschie-
„nen ist, wie ich höre, auch (!) in Kohl's Reisen,
„. . .[3]) . . . Das Gedicht verdient jedenfalls zum Ver-
„ständnis mit Randglossen und der richtigen Schreib-
„art gegeben zu werden. Ich bitte also die Personen, die
„den livländischen (d. h. baltischen) Jargon (der Deutsch-
„Esten) nicht gehört haben, genau so zu lesen, wie ich
„geschrieben habe." — Und er beginnt also: „De Obber-
„pahlse Wreindsaffi!" —

Leider berücksichtigte dieser gründliche Kenner der
estnischen Sprache, die von ihm selbst aufgestellten Regeln und Prinzipien der Schreibweise nicht, und schreibt

---

[1]) Dieser Abdruck fehlt bei Winkelmann (Bibl. Liv. Hist.).

[2]) Wir zitiren dabei nach der 3. (resp. 6.) Auflage von 1873
p. 195 f. Dorpat bei Schnackenburg, weil es sich gleich bleibt.

[3]) Also kannte Schultz-Bertram nach „Hörensagen" — wenn
wir recht lesen — einen Druck vor 1841! Aber weder bei Winkelmann (Bibl. Liv. Hist.) noch sonst irgendwo fand sich dieser be-
sagte Druck verzeichnet.

z. B. D, obgleich in der ganzen estnischen Sprache
kein Wort mit D wie auch mit B und G beginnt, ganz
abgesehen von den Lauten C, Z, F, Sch, die sie gar
nicht haben, also auch nicht schreiben. Ferner aspiriren sie, wo wir es nicht tun; würden also Oberpahlen
„Hoberpahlen" sprechen und schreiben; endlich niemals
hart „Wreinsafft" sondern weich „Wreinsahwt" reden.
Sagt doch Bertram selbst 1868 in seinem Werke „Wagien"
p. 17, „F ist hw. Im Anlaut w oder p." Wir können
also leider seine Lesart nach seinen eigenen richtigen
Prinzipien nicht acceptiren. Ausserdem müssen wir seine
Lesart, wie die Kohl's und Sivers' vollständig verwerfen,
weil sie alle Drei an vielen Stellen ganz andere Worte
gebrauchen als Malm 1855, ja sogar Sätze, und dabei
einige Verse ganz auslassen, ohne sie als fehlende zu bezeichnen. Endlich nur das Gedicht fragmentarisch kennen,
nur den ersten Teil, d. h. die „oberpahl'sche Freund-
wie Feindschaft", nicht aber den 2. Teil: „die wiederhergestellte Freundschaft." —

So hätten wir denn hiermit die 4te., schon im Titel
abweichende Lesart zu verzeichnen gehabt, und wenn
wir über die 1000 Abschriften des Landes gebieten könnten,
so hätten wir wahrscheinlich über eben so viele Lesarten
zu gebieten und müssten uns doch immer dabei fragen, wo
ist die echte, die mit Gold aufzuwiegende Handschrift des
Dichters?

Wir sind in der glücklichen Lage sagen zu dürfen:
Vor uns liegt nicht nur das vom Verfasser der Zensur-
behörde offiziell eingeschickte Manuskript: „Die oberpahlsche Freundschaft", welches vom Zensor C. Kästner in

Riga „am 18. Januar 1861" zum Druck erlaubt [1]) und
dem Verfasser Jacob Johann Malm in Reval retradirt wurde,
sondern auch ein Korrektur-Exemplar Malms, woselbst
seine endgiltige Schreibweise des Gedichtes sich verzeichnet findet, die der unbekannte Herausgeber der 2. Auflage v. 1870 (gedruckt b. Gressel in Reval im Verlage
v. F. Wassermann) nicht kannte und somit hier zum Schluss
unserer Abhandlung in dieser endgiltigen Schreibweise zum
ersten Male abgedruckt wird.

Wenn wir sagen: dass Malm und kein anderer
der Verfasser der oberpahlschen Freund- wie Feindschaft
und wiederhergestellten Freundschaft ist, so geht das nicht
nur aus dem Umstande hervor, dass sich sonst Niemand
für den 2. Teil des Gedichtes gemeldet hat, sondern auch
1) aus dem Gedichte selbst, wie der Verfasser in der Einleitung zum 2. Teile sagt: „Palt wierzig Jahre sint hes er,
tas h i g herschlen tat, wi hoberpalse Wreint so sehr mig
krob peleidigt at," und 2) daraus, dass der Herausgeber des
illustr. Revalschen Almanachs 1858, wie wir sahen, hinzu-
fügen konnte, dass Sivers „irrigerweise" Lilienfeldt zum
Verfasser mache, und 3) daraus, dass auch Winkelmann in
der Bibl. Liv. Hist. 1870 unter N. 2103 derselben Ansicht
ist, weil daran gar nicht zu zweifeln sei, dass nur Malm und
kein anderer der Verfasser des Gedichtes ist. Endlich nimmt
es noch unser Interesse in Anspruch, dass der Sohn des
Dichters, der momentan noch lebende Propst Malm öffent-

---

[1]) Diese 1. Auflage von 1861 gedruckt in Reval in der Estl.
Gouv. Typographie findet sich bei Winkelmann (Bibl. Liv. Hist.)
ebenfalls nicht verzeichnet, indem er unter Nr. 2103 die 2. Auflage von 1870 für die erste ansieht.

lich für die Autorschaft seines Vaters in die Schranken trat.
Da Letzterer dies aber in einem Lokalblatte Revals tat, so
war das von vornherein gleichsam eine Totgeburt, denn
selbst der verdienstvolle Dr. Schultz gen. Bertram[1]) kannte
weder die Malm'sche Lesart v. 1855, 58, 61 und 70,
geschweige denn den Protest des Sohnes, sondern liess
sogar trotz Winkelmann von 1870, nach wie vor, den „Grafen
Mannteuffel von Meeks“ als Verfasser bei der Zusammenstel-
lung seiner „gesammelten Schriften“ (Dorpat b. Schnackenburg 1873—75) figuriren. Daher ist es denn doch wohl
am Platze, dagegen öffentlich zu protestiren, denn jede
Behauptung bedarf des Beweises zur Erhärtung und eben
dieser Beweis scheint uns den Herren Kohl, Sivers und
Schultz-Bertram fern gelegen zu haben.

Der Unterschied aber zwischen J. J. Malm von 1855—
61 einerseits und J. G. Kohl v. 1841, J. v. Sivers v.
1855—58 und Dr. Schultz-Bertram v. 1857—74 andererseits besteht nun darin:

Erstens während Malm 1855 offen mit seinem Namen
das Gedicht unterzeichnete und 1858 in der Einleitung
zum 2. Teile sagte, dass er auch den 1. Teil 1818
schon gedichtet habe, behauptet Kohl 1841, dass „ein
Livländer in Dorpart“, Sivers 1855, dass Lilienfeldt positiv der Verfasser sei, aber schon 1858: „wahrscheinlich
der Sohn“, und endlich nimmt Schultz-Bertram 1857—
73 das Prädikat „allgemeine Annahme“ für sein subjek-
tives Vermuten in Anspruch, weil er im Glauben war,

---

[1]) Geb. in Reval am 22. September 1808 a. St., gest. in
Wien am 4. Mai 1875 n. St.

das Gedicht wäre v o r i h m „anonym" erschienen, und
somit macht er den Grafen Manteuffel zum Verfasser, ein
Jahr darauf (1874) sogar positiv. [1]) Allein weder Lilien-
feldts noch Manteuffels wissen irgend etwas über die ihnen
angetane Ehre der Verfasserschaft.

Endlich zweitens während Kohl 1841 das Gedicht nach
einer „gütigen Mittheilung eines geehrten Freundes, der
längere Zeit in Esthland lebte", (Anm. 1 zu S. 400. Bd. II.)
kritiklos nach gelieferter Abschrift abdrucken liess und
von keinem anderen Drucke vor seiner Lesart irgend
etwas weiss, ist sein Nachfolger Sivers 1855 schon klüger
in seiner Art und findet das Gedicht unter dem Lilienfeldt'schen Gedichten, also schon vor 1785 gedruckt vor,
wo es sonst Niemand findet. Giebt uns aber statt dessen
doch nur die Kohl'sche Lesart verschlechtert wieder und
findet 1858, dass das Gedicht an die „Knittelverse aus
einer Bock'schen Brieflade, lebhaft erinnert", welches Gedicht wahrscheinlich von einem „Jüngeren" stammt.

Nicht genug, der Dritte, Schultz-Bertram von 1857 bis
73 erklärt Sivers — gar nicht und nur einen fabelhaften
Druck vor der Kohl'schen Lesart, von „Hörensagen", zu
kennen und v e r b c s s e r t die Schreibweise seiner Abschrift
mit ehrlicher Anzeige, hat aber das Malheur, dieselben

---

[1]) In der 3. Ausgabe seiner Erzählungen im Halbdeutschen
u. s. w. Dorpat, bei Gläser 1874 kann man nämlich in der Vorrede folgenden Passus lesen: „Aus dem Anfange dieses Jahrhun-
„derts besitzen wir schon in dieser Mundart — oder richtiger ge-
„sagt — diesem Sprachgemisch einen recht drolligen Versuch vom
„geistreichen Grafen M a n t e u f f e l, ... wir meinen natürlich die
„allgemein bekannte: O b e r p a l s e W r e i n d s a f t." (sic!)

Verse auszulassen, die bei K o h l, also auch bei Sivers
fehlen, ohne die Lücken, wie jene zu bemerken,[1] obgleich
Malm von 1855—61 sie vom Verderben hätte erretten
können, wenn sie sich nur w e n i g e r oberflächlich um
die baltische Literatur bekümmert hätten. Da sie nun
aber alle drei nicht den ganzen 1. Teil kannten, noch
die echte Lesart wiederzugeben verstanden, so haben sie
sich nur selbst hinter's Licht geführt und das ist freilich
sehr „fatal", denn es sieht nun Jeder ein, ihre Behaup-
tungen: den J a r g o n, das G e d i c h t und den Verfasser
zu kennen, waren auf Sand gebaut.

Man könnte uns nun zurufen: warum wir uns soviel
Mühe geben, es unumstösslich festzustellen, dass J. J.
Malm und kein anderer der Verfasser der oberpahlschen
Freund- wie Feindschaft und wiederhergestellten Freund-
schaft ist? Und wir müssten darauf die Antwort geben,
dass es 1) deshalb geschah, damit in einer w e i t e r e n
Auflage der gesammelten Schriften unseres Landsmannes
Schultz-Bertram, wenigstens in einer Anmerkung der
Wahrheit die Ehre gegeben werde: dass nicht Graf Man-
teuffel, sondern J. J. Malm der Verfasser des Gedichtes
ist; 2) deshalb, nicht weil, sondern obgleich Malm

---

[1] Z. B. im Original lautet der 3. Vers: „Su Wreint nag
Hoberpalen inn." — Bei Kohl p. 400: „Su hoberpalse Amtmann
in;" bei Sivers p. 18 dito; bei Schultz p. 196: „Ssu Obberpahlse
Hamptmann inn." Ferner Vers 25 im Original: „Nu ruhwt mei
Wreint uhw russ' mir su:" und Vers 27: „Maltsi!" ruhw' ig,
„tebe skasu" fehlen bei Kohl, also auch Sivers und sogar bei
Schultz-Bertram. Ferner Vers 32 im Original: „Tas Tier so
krimmig hann" fehlt bei Kohl, also auch bei Sivers.

unter seinen Dichtungen nur, die oberpahlsche Freund-
wie Feindschaft und wiederhergestellte Freundschaft ver-
öffentlichte, so war das eben „ein Löwe" — wie Lessing
von Leisewitz' Julius v. Tarent einst sagte — und genügt
vollständig, um Einen mit Ruhm zu bedecken, und dieser Lorbeerkranz kommt eben unserem Jacob Johann Malm
allein zu.

Aus der mir vom Sohne des Dichters hier zum
ersten Male mitgeteilten biographischen Notiz über seinen
Vater geht hervor, dass „Jacob Johann Malm in Reval
„am 26. December 1795 a. St. geboren wurde, dass er
„als Knabe das Gouvernements- Gymnasium daselbst be-
„suchte, aber schon aus Secunda austrat, um sich ohne
„vorher einem Universitätsstudium obzuliegen, dem Staats-
„dienste zu widmen. Er fand zunächst als unbesoldeter
„Beamter einen Dienst im Zollamte seiner Vaterstadt, wo
„er bis zur Stellung eines Chefs sich emporarbeitete und
„mehr denn 50 Jahre bis zu seinem Tode verblieb,
„welcher am 11. Mai 1862 a. St. erfolgte." — Als Beamter war Malm ein fleissiger Arbeiter. Man wusste,
er war der Erste im Bureau und gewiss der Letzte,
der den Dienst verliess. Dabei war er still und nur
wenige Freunde wussten: welch' ein humoristischer Geist
hinter seiner scharf beobachtenden Ruhe steckte. Haupt-
sächlich beschäftigte sich Malm in seinen Freistunden mit
Porträtzeichnen in Aquarell, Tusch, Kreide und Blei.
Viele von diesen äusserst charakteristischen und komischen
Bildern werden von seinen Freunden noch als teuere
Reliquien aufbewahrt. Nebensächlich beschäftigte er sich
nur — mit der Poësie, wie viele kleine, handschriftlich

aufbewahrte Gelegenheitsgedichte bezeugen. Bekannt ist
aber nur — wie gesagt — „die oberpahlsche Freund- wie
Feindschaft", gedichtet 1818, und ihre Fortsetzung, gedichtet 1855 und 57 geworden.

Nach gewöhnlichen Menschenbegriffen muss Malm ein
merkwürdiger Mann gewesen sein, weil er sich nichts
aus dem Ruhme machte, welcher seinem Geisteskinde lange
vorauging, bevor er sich entschloss, es drucken zu lassen,
(1855) und er durch sein Gedicht populärer wurde
als irgend einer seiner Landsleute durch gleichviel welche
Geistesprodukte.

Mit Recht konnte daher Schultz-Bertram in seinen
„Baltischen Skizzen" ausrufen: „Oberpahlen! Welchem
„Inländer fällt dabei nicht „Die Oberpahl'sche Freundschaft"
„ein, jenes ächt livländische (d. h. baltische) Gewächs,
„das Jeder fast auswendig kennt, und das unter
„dem Bilde eines halbcivilisirten Ehsten, der bei einem Spitz-
„buben von Freund zum Besuch ist, eine Satire verbirgt
„auf einen Herrn v. W., Verwalter und Arrendator des
„gräflich Bobrinski'schen Gutes Oberpahlen, einen Mann,
„der sich durch allerlei Geschicklichkeiten ein grosses Ver-
„mögen erwarb und der Stammvater einer adligen geach-
„teten Familie wurde."

Dieser Auslegung des Gedichtes können wir nicht bei-
pflichten. Schultz-Bertram liess sich wahrscheinlich durch
den dritten Vers: „Ssu Obberpahlse Hamptmann inn" zu
dieser Annahme verleiten. Allein dieser Vers lautet im
Original bekanntlich: „Su Wreint nag Hoberpahlen inn"

und hat somit nichts mit einem Amtmann, Verwalter oder
Arrendator zu tun. Die Satire im Gedicht ist viel harm-
loser, und wickelt sich auch die ganze Fabel in der Kleinkrämer Sphäre ab, wo der Jargon zu Hause ist. — Der
zweite Teil des Gedichtes „die wiederhergestellte Freundschaft," enthält eine Satire auf die Furcht der Revalenser
bei der Belagerung oder richtiger Blokirung des Hafens
durch die Franzosen und Engländer während des Krim-
Krieges und die Erlebnisse des Helden unseres Gedichtes
bei dem zufälligen Zusammentreffen mit seinem alten oberpahl'schen Freunde. — Man könnte dem Ganzen das baltische Sprichwort: „Wer aus Oberpahlen kommt unge-
schlagen, der hat von grossem Glück zu sagen" bei-
fügen. —

Doch genug, dieses populärste Gedicht in den Ostseeprovinzen erlebte 1870 eine zweite grosse Auflage,
oder richtiger gesagt einen zweiten unveränderten Abdruck der ersten Auflage von 1861. Indessen — wie
schon oben gesagt wurde — kann dieser Abdruck
nicht gebilligt werden, da Malm kurz vor seinem Tode,
den Rat eines seiner Freunde befolgte, die Schreibweise
dem Jargon anpasste und den ersten wie zweiten Teil
des Gedichtes in Kapitel teilte, wodurch das Ganze we-
sentlich — auch nach unserer Meinung — gewann. Indem wir dieses, vom Verfasser korrigirte Manuskript zum
ersten Male mit unserer nebenstehenden wörtlichen Über-
setzung in Prosa nebst Erklärungen abdrucken lassen,
weil wir Gelegenheit hatten zu bemerken, dass denen,
die diesem Jargon ferner stehen als wir, viele uns ganz
geläufige Ausdrücke unklar blieben; konstatiren wir hier-

mit die alleingiltige Schreibweise des Verfassers Jakob Johann Malm![1])

<hr>

[1]) Damit der Sprachforscher sich aber nicht im Glauben wiege: wir hätten die Malm'sche Schreibweise kritiklos gebilligt, so sei hier bemerkt, dass uns sehr wohl die vielen Inkonsequenzen in der Schreibweise auffielen, die sich Malm zu Schulden kommen liess, z. B.: nig' und nigt, — nu' und nun, — kei' und kein, — wirs' und wirst, selbs' und selbst, — ett' und ätt' (für hätte), kans und kantz (für ganz), sagte und sakte, mann und man, er und her (für er), is', his' und hist (für ist), jehs' und jehst (für gehst), merks' und merkst u. s. w. Ferner ein bedeutender Fehler in der Schreibweise — der den Leser irre führen wird — ist, dass Malm die deutsche Konfusions-Dehnungszeichen h wie e beibehielt, wo keine Dehnung in der Aussprache stattfindet, z. B. Tier (statt Tir) für Thier u. s. w. Ebenso wenig ist von Malm das Verwandlungsgesetz von ä, ö. ü in e, i immer innegehalten worden u. s. w. Allein wir haben die Malm'sche Sprachweise trotzdem nicht verändert, weil wir der Meinung sind, dass Niemand das Recht hat, irgend eines Autors Schreibweise zu verbessern; es sei denn, er hätte die spezielle Erlaubnis des Verfassers dazu.

Die

Oberpahlsche Freundschaft.

Ein

Gedicht in deutsch-estnischer Mundart

von

Jacob Johann Malm.

Theil I.
Te Wreint- wi Weintsahwt. 1818.

Kap. 1. Te Pejkriesunk.

Warrt, tennk' hig [1]) mal hin meine Sinn,
Willst wahren tog heinmal
Su Wreint nag Hoberpahlen inn
Hun jink nu hin tas Tall,
Hun nahm tas Wuks mit lange Wans
Hun pannt tas wor tas *Saan*;
Tann nam hig meine Mits hun 'Ans'
Hun wunk su jagen han;
Hun nu *katai* durg *Tugt* hun *Tolm*
Hig *tughat nelja* wort,
Hun wi tas Wint war *üks, kaks, kolm*
Hig han tas Tell hun Hort! —

„Warrt", — tennk hig, — wills' tog maghen Paas
„Mit hoberpahlse Wreint;
„Tu wills him trehen lange Naas';
„Lass sehn, was her tog meint!" —
So tennkte hig tenn nu pei mir

---

[1]) Dieser h-Anlaut entspricht vollständig dem sogenannten
Hauchlaute h.

Teil I.
Die Freund- wie Feindschaft. 1818.
Kap. 1. Die Begrüssung.

Wart', denk' ich mal in meinem Sinn, willst fahren doch einmal zum Freund nach Oberpahlen hin und ging nun in den Stall, und nahm den Fuchs (Bezeichnung für eine Pferdeart) mit langem Schwanz (d. h. Schweif) und spannte das (Pferd) vor „tas Saan" (estn. = den Schlitten) dann nahm ich meine Mütze und Handschuhe und fing zu jagen an; und nun „katai" (russ. = fahr zu) durch „Tugt und Tolm" (estn. = Asche und Staub) ich „tugha nelja" (estn. = 1004; begrifflich aber = blanc carrière) fort, und wie der Wind war „üks, kaks, kolm" (estn. = 1. 2. 3) ich an Stell und Ort! —

„Wart, — denk' ich, — willst doch machen Spass mit oberpahlschem Freund; du willst ihm drehen lange Nas'; lass sehen, was er doch [dazu] meint!" —

So dachte ich denn nun bei mir und ging auf „Warwad" (estn. = den Fusszehen) dann vor [des] oberpahl-

Hun jink huhw *Warwad* tann
Wor hoberpahlse Wrein' sein 'Tier
Hun pommste krimmig hann.

„„„Werr ta?"""" — ruhwt hoberpalse Wreint —
„*Pusti mene Turak!*"
Ruhw hig hun tennk': „Haha, ter meint,"
„Heig sei hein kross Russak!" —

Nu ruhwt mei Wreint huhw russ' mir su:
„„„*To tam, ti m'ne skasi?*""""
„*Maltsi!*" — ruhw hig —: „*Tebe skasu,*"
„*Ti toljko m'ne pusti!*" —

Kott weis, wodurg tas Wreint hes sab,
Hig sei kei russe Mann,
Her ruhwt: „„„was pomms' tenn tu *Sugna*
„„„Tas Tier so krimmig hann?
„„„Tas Tier his nig hin Sloss; komm hein
„„„Tu Teiwels krosse Russ!
„„„Tu seinst mir so tas Kerl su sein
„„„Tas *Paslid* at hau Wuhs!"""" —

Wi *Arrakas*, so prank hig tann
Huhw 'pahlse Wreint nu su,
Hun ruhw, ta wiks wranschs hig kann:
„*Kommá wu púrtsle wu?*" —

„„„O solls' tu tog *kus kurrat* jehn,
„„„Mit tein wranschs Jeplarr!

schen Freundes Thür („sein Thür", echt baltisch) und „pommste" (soviel wie paukte, klopfte) grimmig an.

„Wer da?" — rief [der] oberpahlsche Freund. „Pusti mene Turak!" (d. h. Pusti mēnē durăk; russ. = lass mich hinein Dummkopf oder Narr) rief ich und denk': „Ach, der meint, ich sei ein „grosser Russe" (d. h. ein wirklich gut russisch redender Unterthan).

Nun rief mein Freund auf russisch mir zu: „to tăm, tă mn'ē skaschi?" (russ. = wer da, du mir zu sagen hast?) — „Malschi" (russ. = Schweig!) — rief ich — „tebē tă doljgo mnē pusti" (russ. = ich sag's dir, lass mich [nur erst] herein).

Gott weiss, wodurch der Freund es sah, ich sei kein russisch(redender) Mann, er rief: Was paukst denn du „Sugna" (d. h. Tschugná russ. = Este, Finne) an die Thüre so grimmig an? — Die Thür' ist nicht im Schloss; komm (nur) herein, du Deiwels grosser Russ! (echt baltisch). „Du scheinst mir so ein Kerl (für Mann) zu sein, der „Paslid" (estn. = Passeln, eine Art Sandalen) hat an (den) Füssen.

Wie „Arrakas" (estn. = eine Elster) so sprang ich dann auf (den) oberpahlschen Freund nun zu und rief, da fix (baltisch für schnell, gewandt) französisch ich (reden) kann: Comment vous portez vous? —

O sollst du doch „kus kurrat" (estn. = zum Teufel, eig. „wo der Teufel ist") gehn, mit deinem französi-

„„„Man kann ja nig kei Wort werstehn
„„„Tu pist ja wahre Narr!"""" —
So prag mei Wreint, hun netig mig
Huhw Pank su sitsen inn;
Tann krigt mit krosse Napsklas hig
Hag pregtig *Prostoi wien*.

— — — —

Kap. 2. Te Jesigte.

Hun nu herselilten wir halstann
Huns hallerlei Jesigt:
Won tas, wi *kassi-emma-Ann*
Won Preitkam Wams jekrigt —
Hun won tas Wurst, hun won tas *Kekk*
Was Wreint sein Wrau jemagt,
Hun wi wiel tas gekrigt han Pekk
Won Swein, wi tas jeslagt —
Hun won te Wegeln *Arrakat*,
Was hig huhw *Kus'-oks*-Paum
Ta hunterweks jeschen at
Man konnt' si sehlen kaum —

Hun won mei *Emmis*, was hig ab',
Wi wiel tas *Porsad* at',
Hun wi mei Wuks wiks lauhw hin Trap
Hun tat nig werden matt! —

So redten wir tenn hunter huns
Mehr nurrige Jesigt; —
Ta wragt mei Wreint: „„„Trinks' tu aug Puns?"" —

schen Geplärr, man kann ja nicht kein Wort" (echt
baltisch) verstehen, du bist ja (ein) wahrer Narr! — So
sprach mein Freund und nötigte mich auf (die) Bank (mich)
hinzusetzen; dann „krigt" (d. h. bekam) ein grosses
Schnapsglas ich mit prächtigem „Prostoi win" (russ. ==
Branntwein, wörtlich == gemeinen Wein).

Kap. 2. Die Geschichte.

Und nun erzählten wir alsdann uns allerlei Geschichten: „Von das" (baltisch für: wie z. B.) die Katzenmutter Anna
(d. h. die Aufseherin über die Katzen der Herrschaft)
vom Bräutigam „Wams" (d. h. Haue) bekam, und von
der Wurst und vom „Keck" (eine baltisch-schwedische Speise,
eine Art Kuchen aus Blut und Mehl) „was" (für: welche),
des Freundes Frau gemacht (hatte) und wieviel dieser
Kuchen Speck erhielt, vom geschlachteten Schweine, —
und von den Vögeln, den Elstern, die ich auf den Zwei-
gen (oks, estn.) der Tannen- (kuse, estn.) Bäume, unter-
wegs gesehen hatte, man konnte sie zählen kaum. —

Und von mein „Emmis" (estn. == Mutterschwein, die
Sau), welches ich habe, und wie viel das „Porsad" (estn.
== Ferkeln) hat und wie mein Fuchs schnell läuft im
Trab und dabei nicht „matt" (müde) wird.

So erzählten wir uns denn verschiedene schnurrige
Geschichten. — Da fragte mein Freund: Trinkst du auch
Punsch? — Du Narr, warum denn nicht? — Mein Freund

„Tu Narr, warum tenn nigt?" —
Mei Wreint nahmt warme Wasser nu
Hun tat te Onig hein
Hun koss tas *Prostoi wien* tasu
Hun Hessig hobentrein. —
Tas war hein kar su pregtig Puns
Ett' hig's tog halle Tag! —
So tranken wir nu hunter huns
Hun raugten *Karjajak.* —

Huhw heinmal ruhw' te Wreint: „„Ho warrt!
„„„Was wangen wir tog han? . . .
„„„Tu kannst tog pielen haug das kart, . . .
„„„Tamit man pielen kann?"" —

„Ho ja, hig piel so siemlich ips . . .
„Hun pielen haug regt wiel . . .
„Tas *Kupki,* Ausprant, *Ninnanips,*
„Pruspart hun *Turak*piel!"

„„„Tu pist ja Teiwelswikses Mann,
„„„Tas tu tas Karten pielst! —
„„„So wollen wir tog wangen haun
„„„Su pielen, wenn tu willst?"" —

nahm nun warmes Wasser und tat Honig hinein und goss Branntwein dazu und Essig obendrein. — Das war ein gar zu prächtiger Punsch, hätt' ich (solchen) doch alle Tage! — So tranken wir nun unter uns und rauchten „Karjajak" (estn. = eine Sorte inländisch ordinärer Tabak).

Auf einmal rief der Freund: O wart! was fangen wir doch an? .. Du kannst doch spielen auch Karten .. Damit man spielen kann?

O ja, ich spiel so ziemlich hübsch (für: gut) und spiele auch recht viel (für: oft) das „Kupki" (russ. v. kupatj kaufen, ein Hazardspiel), Hausbrand, „Ninnanips" (estn. = Nasenstüber), Brusbart (ein schw. Spiel, soll ein feineres Spiel sein als Whist, Boston, Skat, Préferenre, selbst L'hombre) und Durak (russ. = Narren) Spiel [1]).

Du bist ja ein „Deiwels fixer Mann" (baltisch.) dass du Karten spielst, (nun) so wollen wir anfangen zu spielen, wenn du willst?

---

[1]) Über diese Spiele vgl. Näheres: F. Amelung: Die Kartenspiele des estnischen Landvolkes in Livland (Sitzungsberichte der gel. estn. Ges. zu Dorpat. 1879, p. 33—48) und Dr. F. J. Wiedemann: Aus dem inneren und äusseren Leben der Ehsten. St. Petersb. 1876. p. 297—307.

Hig sagt: „So lass huns pielen su!" —
Wir nahmt te Karten wor
Hun pielten hin kans kute Ruh,
'Fog himmer hig werlor!

Hig haber kar nigts Peses meint'
Hun pielte ruhig, — hals
Huhw heinmal hig, te pahlse Wreint
Seh' pielen krimmig wals!
Nu´ ruhw hig him kans witent su:
„Unswoot! tu pielen wals?" —
„„Was?"" — sag' ter — „„tu Alunke tu!
„„Tas liegs' tu hin tein Als!"" —

Nu sagt hig him mit wolle Munt:
„Tu *pettast* Jeld mir hab!
„Tu pist hein Suhwt, hein Teiwels-Unt,
„Tu tchlst ja wi hein Rab!" —

Ta prank her inter 'Fiss erwor
Hun kab mir mit tas Waust
So krimmig: *klits, klats* hum tas Hor
'Tas tas mal saust hun praust.

„Werwlugter Kerl!" — su wink nu hig
Huhw 'Teiwels-Hart su sreien; —
„Tu pielen wals hun slagen mig'.
„'Tas his werwlugt jemein!" —

Nu kam tas 'pahlse Wreint su mir
Hun nehmt mig pei mei Sopp

Ich sagte: So lass uns spielen zu! — Wir nahmen
(nun) die Karten vor und spielten in ganz guter Ruh,
doch immer ich verlor.

Ich aber gar nichts Böses meinte und spielte ruhig,
— als auf einmal ich den oberpahlschen Freund sah spielen g r i m m i g f a l s c h! (baltisch) Nun rief ich ihm ganz
wütend zu: Hundsfot! du spielst (ja) falsch! Was? —
sagt er — du Halunke du! Das lügst du in deinen Hals
(hinein.)!

Nun sagt ich ihm mit vollem Mund: du „pettast‘‘
(estn. = betrügst, hier stiehlst) Geld mir ab. Du bist
ein Schuft, ein Teufelshund, du stiehlst ja wie ein Rabe! —

Da sprang er hinter dem Tisch’ hervor und gab mit
der Faust so grimmig: „klitsch, klatsch‘‘ um die Ohren,
dass das mal sauste und brauste.

Verfluchter Kerl! — so fing nun ich auf „Deiwels-
Art“ zu schreien, du spielst falsch und schlägst mich.
Das ist „verflucht gemein!“ —

Nun kam der oberpahl’sche Freund zu mir und nahm
mich beim Zopf (zu Anfang des 19. Jhrh. trug man noch

Hun meiste mig nu haus te Tier
Regt über Als hun Kopp . . .

Hig krahmt mig huhw, jink hin mein *Saan*
Hun wuhr tawon hun weint'
Hun tenkt: „Tas as' tu harme *Jaan*
„Won hoberpahlse Wreint!" —

Teil II.
Te wiederherjestellte Wreinsahwt.[1]

Kap. 1.   Te Sopp-Werlierunk.

Su Aus' nu klagt' hig meine Not
Tenn haug han meine Wrau.
„Hun tu," — ruhwt si, — wor Wut wuksrot, —
„Slugst hin nigt praun hun plau?

---

[1] Im Manuskript „Einleitung" durchgestrichen, die also
lautet:

> Palt wierzig Jahre sint hes er,
> Tas hig ersehlen tat,
> Wi hoberpahlse Wreint so sehr
> Mig krob peleidigt at:
> Wi her ta Karten pielte wals,
> Tas himmer hig werlor,
> Hun wi hig: „Suhwt" him warhw han Als
> Mir her kab: „klits" han Hor;
> Hun wi her pakt hann Sopp mig hann
> Hun meist haus Tier mig haus,
> Hun wi hig harme Mens halstann
> Kans traurig wuhr nag Aus. —

in Estland den gepuderten Zopf!) und schmiss mich über Hals und Kopf zur Thür hinaus. . .

Ich raffte mich auf, ging in meinen Schlitten und fuhr davon und weinte und dachte: Das hast du armer „Jaan" (estn. == Johann) vom oberpahlschen Freunde! — ·

Teil II.
Die wiederhergestellte Freundschaft.[1]

Kap. 1. Die Zopf-Verlierung.

Zu Hause nun klagte ich meine Not denn auch an Frau. Und du, — rief sie, — vor Wut fuchsrot, — schlugst ihn nicht braun und blau? — Pfui, schäme dich! — bist ein junger Mann, wie (ein) Ochs' so gross und

---

[1] Vom dichterischen Standpunkte tat der Dichter ganz recht, diese Einleitung zu streichen:

„Bald vierzig Jahre sind es her, dass ich erzählen tat, wie (der) oberpahlsche Freund so sehr mich grob beleidigt hatte ; wie er da Karten spielte falsch, dass immer ich verlor, und wie ich „Schuft" ihm warf an den Hals (und er) mir gab „klitsch" an die Ohren; und wie er packte an (den) Zopf mich an und mich zur Thür hinaus schmiss, und wie ich armer Mensch alsdann ganz traurig fuhr nach Haus. —

„Wui, sem' tig! — pist hein junke Mann,
„Wie Hoks so kross hun tik;
„Wenkt hciner tig su auen han,
„Tu aust him nigt surik.
„Pist himmer tog hein halte *Toss!*
„Hun ast kar kein *Kuraas*
„Hun lest tir tansen klein hun kross
„Man himmer huhw te Naas!" —

Hig sagt: „„Was sollt hig maghen ier? —
„„„Her pakt han Sopp mig han; —
„„„Mei Ände wor; — her inter mir; —
„„„Was konnt' hig tun him tann?"" —

Mit heinmal prank si su mig her
Hun pakt' mig han mei Sopp,
Hun sneit mit halte, krose Seer
Tas hab mir won te Kopp. —

„„„Was 'Teiwel!"" — ruhwt hig — „mags tu nu?
„„„Tas his tog kans wertrakt!"" —
— „Hig ab jemagt, tas man te Kuh
„Han Wans nigt wieder pakt!"" —

Tas hig werloren meine Sopp
Krämt hig mig nig su Tod;
Hein jeder atte klatte Kopp
Hun Sopp war nig mehr Mod'. —

dick; fängt einer dich zu hauen an, du haust ihm nicht
zurück. Bist immer doch eine alter „Toss!" (= Schlaf-
mütze!) und hast gar 'keine Courage und lässt dir klein
und gross auf der Nase herumtanzen.

Ich sagte: Was sollte ich machen hier (in diesem Falle)?
— Er packte mich an den Zopf an; (ich strecke) die
Hände vor; . . . er hinter mir; . . . was konnte ich ihm
tun dann (= dabei)? —

Mit einen Mal sprang sie zu mir und packte mich
an meinen Zopf und mit der alten, grossen Scheere schnitt
sie mir ihn ab vom Kopfe.

„Was Deiwel!" — rief ich — magst du nun? Das
ist doch ganz „vertrakt" (unangenehm, querköpfig und
dgl. vom lat. tractus). — Ich habe gemacht, dass man die
Kuh an (den) Schwanz nicht wieder packt! —

Dass ich verloren meinen Zopf (darüber) gräm' ich
mich nicht zu Tode; . . ein jeder hat (nun) glatten Kopf
(denn) Zöpfe waren nicht mehr Mode.

Kap. 2. Te Suwlugts-Hort.

Wor mehrern Jahren sogen wir
Tenn nu won Lande kants
Nag Rewal er, hun wohnten ier
Hin Aus hin Katsenwans.
Tog hals to krose Kriek wank' han
Mit Turk hun, mit Wransos
Hun mit te tikke Henglismann,
Ta jink ter Teiwel los![1]

Hun hals nu *Napier* kommen tat
Mit Sihw hun kros Gesrei:
Her wollte siesen kantse Tadt
Hin trei Minut' hentswei.
Ta pregt nu krose Hankst erein!
Wer konnte, sog nu wort!
Huhw Lande hun hin Weisentein
Sugt' man hein Suwlugts-Hort. —

Hig tenkte: Katsenwans his' weit!
Ta kommt, kein Pombe inn,
Ta his' man wol hin Sighereit;
Trum pleib' hig wo hig pinn!
Tog hals him hander Jahr man sagt'

[1] Es ist damit der sogenannte Krimkrieg von 1853—56 gemeint. Wie bekannt blokirten die Engländer und Franzosen damals die russischen Häfen des baltischen Meeres.

Kap. 2. **Der Zufluchts-Ort.**

„Vor mehreren Jahren zogen wir denn nun vom Lande ganz nach Reval (hin), und wohnten hier (in) einem Hause im „Katzenschwanz". [1]) Doch als der grosse Krieg fing an mit (den) Türken und und mit (den) Franzosen und mit dem dicken Engländer, da ging der Deiwel los!" —

Und als nun Napier (der Befehlshaber der verbündeten englisch-französischen Flotte) kam „mit Schiff und gross Geschrei". . . Er wollte schiessen (die) ganze Stadt in drei Minuten entzwei.

Da brach nun grose Angst herein; wer (da) konnte, zog nun fort, „auf's Land" und nach Weisenstein (in Estland) suchte man (für sich) einen Zufluchtsort.

Ich dachte: Katzenschwanz ist weit! da kommt keine Bombe hin, da ist man wohl in Sicherheit, darum bleib' ich, wo ich bin. Doch als ein Jahr darauf man sprach von schwimmenden Battrieen und Bomben, die man gemacht (hatte) die über sechzig Pude (= 24 Zentner)

---

[1]) Eine Bastion der Stadt Reval trug zu schwedischer Zeit den Namen: „die Katze". Diejenigen Bewohner nun, die sich am Fusse dieser Bastion anbauten, wurden die „Katzen", später die „Katzenschwänzler" genannt; in Folge dessen erhielt die ganze baltischportsche Vorstadt Revals den Spitznamen: „Katzenschwanz".

Won swimmend Patterien
Hun Pumben, ti man at jemagt,
Ti segsig Pude wieg'n;
Ta tenkte hig: tas his kei Paas,
Nu his' kei Pleiben ier!
Kommt so hein Teiwel mir huhw Naas,
Tann his' hes haus mit mir! —
So packten hunser Ab hun Kut
Wir tann susammen snell
Hun wuhren mit jeruhig Mut
Nag Land', huhw halte Tell. —

— — — —

Kap. 3. De suwellige Pejegnunk.

Hig atte, seit te krose Treit
Mit 'pahlse Wreint ges'ehn,
Hin tiese krimmig lange Seit
Hin nigt mit Haug' gesehn. —

Wi hig nu war huhw Lande tann
Wuhr heinmal hig turg Wald;
Ta wuhr hentjegen mir hein Mann,
Pekukt' mig hun ruhwt: „Alt!...
„Was Teiwel!" — sagt her — „kenns' mig kar
„Nig' mehr, so wi hes seint?" —

Ta öhrt' hig han te Timm, hes war
Te hoberpahlse Wreint.
Ui! — wi at ter jeändert sig,
So halt; kahlköppig haug,

wiegen, da dachte ich: das ist kein Spass, nun ist kein
Bleiben hier, kommt so eine (Bombe) mir auf die Nase,
dann ist es aus mit mir! Da packten wir unser Hab'
und Gut schnell zusammen und fuhren mit beruhigte Ge-
müt „auf's Land" auf die alte Stelle.

Kap. 3. Die zufällige Begegnung.

Ich hatte, seitdem der grosse Streit mit dem oberpahlschen Freunde geschehen war, ihn in „dieser grimmig
langen Zeit nicht mit Augen gesehen". —

Wie (für: als) ich nun war auf dem Lande, fuhr ich
einmal durch einen Wald, da kam mir entgegen gefahren
ein Mann, beguckte mich und rief: Halt! . . Was Teufel! — sagt er — kennst mich gar nicht mehr, so wie
es scheint? —

Da hörte ich an der Stimme, es war der oberpahlsche Freund. „Ui! (etwa: Herr Je!") wie hat der sich
verändert! so alt, kahlköpfig auch, (d. h. ohne Zopf wie

Türr wi hein Unt; at nig' wi hig
Hein ipse krose Paug! —

Wir pregten nu so hallerand
Hals würden Wreind' wir sein,
Hun wi her öhrt', hig leb' huhw Land
Lad't her mig su sig hein.

Hig tenkte: „„„Nu was s'ad't hes tann
„„„Tas wir jetritten huns?
„„„Her war wohl hein halt eklig Mann;
„„„Tob kab her himmer Puns'!
„„„Tas mekte kut wohl tamals mir,
„„„Jets hi's nig nag mei *Mokk*
„„„Weil hig. hin Katsenwanstragtir
„„„Pisweilen trunk Klas Krok! —
„„„Tas war nu wreilig sehr jemein,
„„„Tas her mir klatst han Hohr! —
„„„Tog handers wo wird's haug so sein;
„„„Tas kommt wol höfters wor!"„" —

Kap. 4. Te Siwilisations-Herklärunk.

So wuhr hig tann nag hein'ger Zeit
Su him; — tog wehlt hien Aar
Nur nog, tas wieder krose Treit
Mit uns jekommen war;

ich), dürr wie ein Hund; hat nicht wie ich einen hüb-
schen grossen Bauch! —

Wir sprachen nun so allerhand als würden wir Freunde sein, und wie er hörte, ich lebe auf dem Lande, ladete
er mich zu sich ein.

Ich dachte: Nun was schadet es denn, dass wir uns
gestritten haben? Er war wohl ein alter, ekliger Mann;
doch gab er immer Punsch! Das schmeckte gut wohl damals mir, jetzt ist's nicht nach mein „Mokk" (d. h. Ge-
schmack), weil ich im Trakteur (Wirtshaus) zum Katzenschwanz bisweilen trank ein Glas Grog! — Das war nun
freilich sehr gemein, das er mir „klatsch" gab um die
Ohren, doch anders wo wird's auch so sein; das kommt
wohl öfters vor! —

—

Kap. 4. Die Zivilisations-Erklärung.

So fuhr ich denn nach einiger Zeit zu ihm; — doch
fehlte nur ein Haar noch und wieder wäre ein grosser
Streit zwischen uns ausgebrochen; denn wie ich nun immer spasshaft bin, rief ich: „Ui eldeke!" (so viel wie

4 *

Tenn wi hig immer pasahwt pinn,
Ruhwt hig: „*Ui eld*"! mei Sats
„Tu siehst mir haus hin meine Sinn
„Wie albkrepirte Kats!" —

Hun rakrig, wic her sonst kleig war,
Pakt her mig nag te Kopp,
Tog wand her nigts als kurtse Aar
Hun nig' mehr meine Sopp.
Hig sagt: „Tas war ja nigts hals Paas!
„Sei tog nig' kleig jemein! —
Her ruhwt: „„Haus Kopp reis hig tir Naas'
„„Tu halte, tikke Swein!"" —

Ta hig nun merkt' tas swag her war.
War hig wor him nig pank',
Hun sagt: „Tu pleibs' mit Aut hun Aar,
„Hein Hoks tein Lebelank!
„Was pist tu himmer so jemein,
„Simpst kleig so wirgterlig —
„Wirst tu tenn heinmal nig' haug sein
„Wein hun gepild't wi hig?" —

Nu tenkt hig slegt tas Tonner hein;
Sog hetwas mig zurik;
Kants konnt hig tog nig sigher sein,
Tas her mir preg Jenik. —

Tog her sah lange lustik tann
Huhw mig hun sagt' kei Wort;

Gott Herr Je!) mein Schatz, du siehst mir aus — in meinem Sinn (nach meiner Meinung), wie eine halbkrepirte Katze!

Und „rackrig" (boshaft), wie er sonst gleich war, packt' er mich „nach" (an) dem Kopf, doch fand er nichts als kurze Haare, und nicht mehr meinen Zopf. Ich sagte: Das war ja nichts als Spass! Sei doch nicht gleich gemein! — Er rief: Aus dem Kopfe reisse ich dir die Nase, du altes, dickes Schwein! —

Da ich nun merkte, dass schwach er war, war ich vor ihm nicht bange und sagte: Du bleibst mit Haut und Haar ein Ochs dein Leben lang! Was bist du immer so gemein, schimpfst gleich so fürchterlich — wirst du denn einmal nicht auch sein fein und gebildet wie ich? —

Nun dachte ich, schlägt das Donnerwetter ein; — zog etwas mich zurück; ganz konnte ich doch nicht sicher sein, dass er mir bräche das Genick. —

Doch sah er lange lustig dann auf mich und sagte kein Wort; fing greulich dann zu lachen an und lachte

Wankt' kreilig tann su laghen han
Hun lagt hin heinem wort.
Mit hausgestrekte And kam her
Tann laghend su mir nu;
Hig haber sog mig himmermehr
Nag Tubentiere su. —

„„Nu tu Answurst! was lauhwst tu nuu,
„„Was kommt tir ten tog han?
„„Hig werd' tog wol nig' wressen tun;
„„So'n weingepilte Mann! —
„„Jeb', tolle Kerl, te And mir nu!
„„Woll'n wieder Wreinde sein!
„„Plarr mir was wor, tas hig wi tu
„„Jepildet werd' hun wein!"" —

Hun wi her merkt, hig trau nig hiem,
Sagt her: „„So sei kei' *Taps!*
„„Hun jeh' ta pei tas Sranken in,
„„Ta his kut Kümmelnaps!"" —

Tann sleept her eise Wasser han,
Tat Sukker tarein nu;
Nehmt hunter Pett *Puteilje* tann
Hun kos kar Rumm tasu.

„Was Teiwel!" — ruhw' hig, — „tu ast Rumm?
„Wo ast tu's muggelirt?
„Hun trinkst kar Krok; tas his nig tumm!
„Tu pist kants *siwlisirt!*" —

in einem fort. Mit ausgestreckten Händen kam er dann
lachend zu mir nun (heran); ich aber zog mich immer-
mehr „nach" (zur) Stubenthüre „zn" (hin). —

Nun du Hanswurst! was läufst „du nun" (denn du),
was kommt dir denn doch an? Ich werde (dich) doch
nicht fressen . . . so einen feingebildeten Manu! — Gib,
toller Kerl, die Hand mir nun! wollen wieder Freunde
sein! Plärr wir „was" (etwas) vor. dass ich wie du gebildet werde und fein! —

Und wie er merkte, ich traue nicht ihm, sagte er:
So sein kein „Taps" (Schwachkopf) und gehe da „bei"
(zum) Schranke hin, „da ist" (du findest du einen) guter
Kümmelschnaps! —

Dann schleppte er heisses Wasser an, tat Zucker
darein nun; „nahm" (griff) dann unters Bett nach der
Bouteille und goss Rum dazn.

„Was Deiwel!" — rief ich, — du hast Rum? Wo
hast du das geschmuggelt? Und trinkst gar Grog. Das
ist nicht dumm! Du bist ganz zivilisirt! —

Her sagt: „„Hig öhrt tas Kriek tas wer'
„„Wür *Siwlisasion*;
„„Nun tenkt' hig himmer in hun er:
„„Was his tas wür *Person*?"""

„*Person!*" — sagt' hig, — „wi tumm tu pist!
„Tas his nur Haustruck plos;
„Hig will herkleren was tas hist;
„So wirs' tu's aben los:
„Siehs' tu, *haltmodis* his nog Russ,
„Siest nig huhw Weib hun Kind;
„Siest nur huhw solghe Mann sein Suss
„Ter in te And at Wlint';
„Tas haber his nu nig mehr Mod',
„Kants halt geworden sohn;
„Jets' slegt man was ta workommt tod,
„Tas his *Siwlisasion!*" —

„„Ja,"" — sagt her, — „„tas his nu wohl klar
„„Tas tas man Haustruk eist;
„„Tog klarer his tas kants und kaar,
„„Answurst tu himmer pist! —
„„Pots Tausend!"" — ruhwt her, — „„hig pin tog
„„Tenn lank sohn *siwlisirt!* —
„„Tu warst mein Wreint hun weist wohl nog,
„„Wi ig tig ab wrisirt!"" —

Wi tas nu kreilig mir miswiel,
Was sagte krobe Wigt.
Her at kein *Tilk* won Sartgewühl!
Hig tat hals öhrt hig's nigt.

Er sagte: Ich hörte: der Krieg der wär' nur der
Zivilisation (wegen in Szene gesetzt); nun denke ich immer hin und her: was ist das für eine Person?

Person? — sagte ich, — wie dumm du bist! . . .
Das ist nur so ein Ausdruck blos; ich will dir erklären
was das ist; so wirst du es „haben los" (begreifen): Siehst
du, altmodisch ist noch der Russe, schiesst nicht auf Weib
und Kind; schiesst nur auf solche Männer, die in Händen
Flinten haben und schiessen; das aber ist nun nicht mehr
Mode, ist schon ganz „alt geworden" (veraltet); jetzt
schlägt man was da vor kommt tot, das „ist" (heisst man
jetzt) Zivilisation! —

Ja, — sagt er, — das ist nun wohl jetzt klar, dass
man das nur einen Ausdruck heisst; — doch klarer ist
das ganz und gar, Hanswurst du immer „bist" (bleibst)! —
„Potz Tausend!" — rief er, — ich bin doch denn lange
schon zivilisirt! — Du warst mein Freund und weisst
wohl noch wie ich dich hab frisirt.

Wie das nun greulich mir missfiel als das mir sagte
der grobe Wicht! Er hat ja keinen „Tilk" (estn. ==
keinen Tropfen) Zartgefühl! Ich tat als hörte ich's
nicht.

Kap. 5. Te neije Herklärunk.

Nu att'n wir halles was man praugt,
Wir lebten *hunsinirt*;
Jekrokt wurd' nun, jenapst, geraugt
Hun aug *politisirt*. —

Her wragt': „Wo as'. tas *Krimskrams* er,
„Was nun tust plarren tu?" —
„„Tu selbs' tust plarren, krobe Pär!"" —
Tagt hig hun sakte nu:

„„Hin Katsenwans is hein *Trahtir*
„„„At *Kiek* hun Kegelpahn
„„„Tas *Kiek* sreit wie alt kreilig Tier
„„„Wänkt man zu *kieken* han.
„„„Ta kam hohwt haus ter Tadt hein Mann
„„„*Toho!* war ter tir klug? -
„„„Wenn ter man wunk su spreghen han
„„„So pregt her wi hein Pug!
„„„Ter at nu halles mir wersählt
„„„Hun at jemagt mir klar,
„„„Wi mit tas Krick hes sig werält
„„„Hun wi tas kommen war. —
„„„Siehs tu; ter Turk nehmt' wou te Russ
„„„Te Kirghenlüssel wek,
„„„Hun at jejeben han Wransuss; —
„„„Nu jink te Wried hum Heck! —
„„„Wi maghen tog hohwt wunderlig

Kap. 5. Die neue Erklärung.

Nun hatten wir alles, was man braucht, wir lebten ungenirt; gegrogt wurde nun, geschnapst, geraucht und auch politisirt.

Er fragte: Wo hast du den „Krimskrams" (soviel wie: diverse Kleinigkeiten) her, den du hier zum Besten giebst? — Du selbst giebst dich hier zum Besten, grober Bär! dachte ich und sagte nun:

Im Katzenschwanz ist ein Trakteur hat „Kiek" (estn. = Schaukel) und Kegelbahn, die Schaukel schreit wie eine alte greuliche (ungeschmierte) Thüre, fängt man zu „kieken" (schaukeln) an. Da kam oft aus der Stadt ein Mann . . .; „Toho!" (= Oho!) war der dir klug? — Wenn der mal fing zu sprechen an, so sprach er wie ein Buch! Der hat nun alles mir erzählt und hat gemacht mir klar, wie mit dem Kriege es sich verhält und wie der gekommen war. — Siehst du; der Türke nahm vom Russen den Kirchenschlüssel weg, und hat (ihn) gegeben an (den) Franzosen; — nun ging der Friede um die Ecke! — Wie machen doch oft wunderlich die grossen

„„„Te krose Errn kleig Treit!
„„„Hun könnten tog wohl elfen sig
„„„Turg heine Kleinigkeit.
„„„'Tenn ätt' nur heiner mig jewragt:
„„„Was hist su tun tenn nu?
„„„So ätt' hig kleig wor Turk jesagt:
„„„Mag nog hein Lüssel su!““ „

„Wi sad' hist,“ — sagt er, — „tas tig tann
„Man nog nig kennen tat!
„Jewiss so'n 'Teiwels kluge Mann
„Ätt' man jewragt hum Rat! —
„Wi haber Kriek hes wirklig war,“ —
Sagt her, — „sreibt *Tük* wür *Tük*
„Han landse Wreinde ips hun klar
„Hein rewals' *Koddanik*; [1]
„Ätts' tu ti Priehw' jelesen, tann
„Würd's' wissen tu Peseid
„Hun tas tein wunderkluge Mann
„Hun tu Answursten seid!“

Hig sagt: „hin hestnis Prag his tas!
„„Tas lest ja Pauer plos
„„Hun nig' hein solg' Mann, ter was
„„Hin seine Kopp at los!““ —

---

[1] „Stadtbewohner.“ Während des Krieges erschienen in
Reval von Zeit zu Zeit kleine Broschüren in estnischer Sprache
unter dem Titel: 'Briefe eines revalschen Stadtbewohners an seine

Herren gleich Streit! und könnten doch wohl helfen sich durch
eine Kleinigkeit. Denn hätte nur einer mich gefragt:
Was ist zu tun denn nun? So hätte ich „für den" (=
zum) Türken gesagt: Mache noch einen Schlüssel zu! —

Wie schade ist es, — sagte er, — dass man dich
damals noch nicht kannte; gewiss so einen „Deiwels
klugen Mann" hätte man gefragt um Rat! — Wie aber
der Krieg wirklich wurde (= entstand) sagt er, — schreibt
Stück für Stück an die „landschen Freunde" hübsch und
klar der Revalsche „Koddanik"; hättest du die Briefe ge-
lesen, dann würdest du Bescheid wissen und dass dein
wunderkluger Mann und du Hanswurste seid! —

Ich sagte : In estnischer Sprache ist „das" (der Koddanik geschrieben), den lesen ja die Bauern blos und
nicht ein solcher Mann, der etwas in seinem Kopfe „hat
los" (der etwas gelernt hat).

—   ⸱⸱

Freunde auf dem Lande', — in welchen auf eine klare, Vater-
landsliebe stark anregende Weise, den Esten die Begebenheiten
des Krieges mitgetheilt wurden.   J. J. Malm.

„*Farton!*" — sakt' er, — „hig tenkt nig tran,
„Tas tu jepildet pist,
„Hun tas so'n jepild'te Mann
„Wransös hun henglis liest!"

Kap. 6. Te hoberpahlse Handsigunkskrahwt.

Nu sint hes palt swei Jahre er
Tas wir huns wieder sahn;
Tog was her war, tas his nog her:
Hein halte Krobian!

Wenn hig was kluges sagen tu,
Lagt her mit Maul so preit
Hun prigt so pottent Seug tasu
Hals wer nur her geseit.

Tog weil hig mig penehme wein,
Senirt her hetwas sig;
Nig' so wi sonst: Hoks, Hesel, Swein —
„Answurst" — nur ruhwt her mig. —

Nu wahr hig hohwtmals su him haus
Tog pös his meine Wrau;
Tenn himmer komm hig pet nag Aus
Hun manjmal regt *kartau.*

„Hig wüns'," — sreit tann mei halte Sats,
Mir sankent himmer wor, —
„Tas pahlse Wreint tog wieder klats
„Regt tügtig tir hum Hohr!

Pardon! — sagte er, — ich dachte nicht daran, dass du gebildet bist, und dass ein so gebildeter Mann, französisch und englisch (nur) liest.

Kap. 6. Die oberpahlsche Anziehungskraft.

Nun sind es bald zwei Jahre her, dass wir uns wieder sahen; doch was er war, das ist noch er, ein alter Grobian!

Wenn ich etwas kluges sagen tu, lacht er mit Maul so breit und spricht so spottendes Zeug dazu, als wäre nur er gescheit.

Doch weil ich mich fein benahm, genirte er etwas sich; nicht so wie sonst: Ochs, Esel, Schwein — „Hanswurst" — nur „rief" (titulirt) er mich.

Nun fahr ich oftmals (öfters) zu ihm hinaus, doch böse ist (darüber) meine Frau; denn immer komm ich spät nach Hause und manchmal recht „kartau" (benebelt).

Ich wünsch', — schreit dann mein alter Schatz, mir zankend immer vor, — dass der oberpahlsche Freund doch wieder „klatsche" recht tüchtig dir um die Ohren!

„Was jehs' tu mit te *Lurjus* hum,
„Sein halt Ansnarr pis' tu,
„Hun merks' tas nig', sagst: her his tumm;
„Tu selbst pist tumm wi Kuh!"

:„„Hag Wrau!"" — sagt hig, — „tu siehst nig hein,
„„Was Mennersaghen sind.
„„Hun prigst so hin te Tag inein
„„Wi halte, tumme Kind!
„„Hig sak' tir, her hist *haniant*,
.„„Krob, tumm hun widerlig! —
:„„Tog weil sein Krok his' *hintersant*
„„Tarum *senir'* hig mig!"" —

Si sakt: „so ohle Kukuk tig,
„Hun teine 'pahlse Wreint!
„Tu pist halt Pruder Liederlig!
„Hun pleibst hes, wi hes seint!" — —

„„Hun wenn mei Wrau haug Weuer puckt,
„„Hig jeh' tog mit him hum;
„„Tenn hig hab' hunter Pett jekukt,
„„Ta war jenug noch Rumm!"" —

Was gehst du mit dem „Lurjus" (est. = Dummpfkopf)
um, sein alter Hansnarr bist du, und merkst das nicht,
sagst: er ist dumm; du selbst bis dumm wie (eine) Kuh! —

Ach Frau! — sagt, ich, — du siehst nicht ein was
Männersachen sind, und sprichst so in den Tag hinein
wie ein altes, dummes Kind.

Ich sage dir, er ist ennuyiant, grob, dumm und wi-
derlich, doch weil sein Grog „ist interessant" (seine Teil-
nahme erfordert) darum genire ich mich.

Sie sagte: so hole der Kukuk dich und deinen oberpahlschen Freund, du bist ein alter Bruder Liederlich und
bleibst es, wie es scheint. — —

Und wenn meine Frau auch Feuer spuckt, ich gehe
doch mit ihm um, denn ich habe „unter Bett" geguckt,
da war genug noch Rum.